婚姻登记条例

法律出版社
·北京·

图书在版编目（CIP）数据

婚姻登记条例. -- 北京：法律出版社，2025.
ISBN 978-7-5244-0159-9
Ⅰ. D923.9
中国国家版本馆 CIP 数据核字第 2025SJ4203 号

婚姻登记条例
HUNYIN DENGJI TIAOLI

出版发行 法律出版社	**开本** 850 毫米×1168 毫米　1/32
编辑统筹 法规出版分社	**印张** 0.5　　**字数** 10 千
责任编辑 张红蕊	**版本** 2025 年 4 月第 1 版
装帧设计 臧晓飞	**印次** 2025 年 4 月第 1 次印刷
责任校对 陶玉霞	**印刷** 涿州市星河印刷有限公司
责任印制 耿润瑜	**经销** 新华书店

地址：北京市丰台区莲花池西里 7 号（100073）
网址：www.lawpress.com.cn　　　　　销售电话：010-83938349
投稿邮箱：info@lawpress.com.cn　　　客服电话：010-83938350
举报盗版邮箱：jbwq@lawpress.com.cn　咨询电话：010-63939796
版权所有·侵权必究

书号：ISBN 978-7-5244-0159-9　　　　定价：4.00 元
凡购买本社图书，如有印装错误，我社负责退换。电话：010-83938349

婚姻登记条例

法律出版社

目　　录

中华人民共和国国务院令（第 804 号）　………………（1）
婚姻登记条例 ………………………………………（3）

中华人民共和国国务院令

第 804 号

《婚姻登记条例》已经 2025 年 3 月 21 日国务院第 55 次常务会议修订通过，现予公布，自 2025 年 5 月 10 日起施行。

总理　李强

2025 年 4 月 6 日

婚姻登记条例

（2003年8月8日中华人民共和国国务院令第387号公布 根据2024年12月6日《国务院关于修改和废止部分行政法规的决定》第一次修订 2025年4月6日中华人民共和国国务院令第804号第二次修订）

第一章 总 则

第一条 为了规范婚姻登记工作，保障婚姻自由、一夫一妻、男女平等的婚姻制度的实施，保护婚姻当事人的合法权益，根据《中华人民共和国民法典》（以下简称民法典），制定本条例。

第二条 内地居民办理婚姻登记的机关是县级人民政府民政部门或者省、自治区、直辖市人民政府按照便民原则确定的乡（镇）人民政府。

中国公民同外国人，内地居民同香港特别行政区居民（以下简称香港居民）、澳门特别行政区居民（以下简称澳门居民）、台湾地区居民（以下简称台湾居民）、华侨办理婚姻登记的机关是省、自治区、直辖市人民政府民政部门或者省、自治区、直辖市人民政府民政部门确定的机关。

第三条 县级以上地方人民政府应当采取措施提升婚姻登记服务水平，加强对婚姻登记场所的规范化、便利化建设，为办理婚姻登记提供保障。

第四条 国务院民政部门统筹规划、完善全国婚姻基础信息库，会同外交、公安等有关部门以及最高人民法院建立健全信息共享机制，保障婚姻信息准确、及时、完整、安全。省、自治区、直辖市人民政府民政部门负责统筹本地区婚姻登记信息系统的建设、管理、维护和信息安全工作。

第五条 县级以上地方人民政府应当加强综合性婚姻家庭服务指导工作和婚姻家庭辅导服务体系建设，治理高额彩礼问题，倡导文明婚俗，促进家庭和谐，引导树立正确的婚恋观、生育观、家庭观。

婚姻登记机关应当提供婚姻家庭辅导服务，充分发挥婚姻家庭辅导师等专业人员和其他社会力量在婚前教育、婚姻家庭关系辅导等方面的作用。妇女联合会等组织协助和配合婚姻登记机关开展婚姻家庭辅导服务。

民政部门应当加强婚姻家庭辅导服务专业人员队伍建设，组织开展婚姻家庭辅导师职业培训，持续提升婚姻家庭辅导服务专业人员的职业素质和业务技能水平。

第六条 婚姻登记机关从事婚姻登记的工作人员应当

接受婚姻登记业务培训，依照有关规定经考核合格，方可从事婚姻登记工作。

婚姻登记机关办理婚姻登记，不得收取费用。

婚姻登记机关及其工作人员在婚姻登记工作中发现疑似被拐卖、绑架的妇女的，应当依法及时向有关部门报告；发现当事人遭受家庭暴力或者面临家庭暴力的现实危险的，应当及时劝阻并告知受害人寻求救助的途径。

婚姻登记机关及其工作人员应当对在婚姻登记工作中知悉的个人隐私、个人信息予以保密，不得泄露或者向他人非法提供。

第二章 结婚登记

第七条 内地居民结婚，男女双方应当亲自到婚姻登记机关共同申请结婚登记。

中国公民同外国人在中国内地结婚的，内地居民同香港居民、澳门居民、台湾居民、华侨在中国内地结婚的，男女双方应当亲自到本条例第二条第二款规定的婚姻登记机关共同申请结婚登记。

婚姻登记机关可以结合实际为结婚登记当事人提供预约、颁证仪式等服务。鼓励当事人邀请双方父母等参加颁证仪式。

第八条 申请结婚登记的内地居民应当出具下列证件和书面材料：

（一）本人的居民身份证；

（二）本人无配偶以及与对方当事人没有直系血亲和三代以内旁系血亲关系的签字声明。

申请结婚登记的香港居民、澳门居民、台湾居民应当出具下列证件和书面材料：

（一）本人的有效通行证或者港澳台居民居住证、身份证；

（二）经居住地公证机构公证的本人无配偶以及与对方当事人没有直系血亲和三代以内旁系血亲关系的声明。

申请结婚登记的华侨应当出具下列证件和书面材料：

（一）本人的有效护照；

（二）居住国公证机构或者有权机关出具的、经中华人民共和国驻该国使（领）馆认证的本人无配偶以及与对方当事人没有直系血亲和三代以内旁系血亲关系的证明，或者中华人民共和国驻该国使（领）馆出具的本人无配偶以及与对方当事人没有直系血亲和三代以内旁系血亲关系的证明。中华人民共和国缔结或者参加的国际条约另有规定的，按照国际条约规定的证明手续办理。

申请结婚登记的外国人应当出具下列证件和书面材料：

（一）本人的有效护照或者其他有效的国际旅行证件，或者外国人永久居留身份证等中国政府主管机关签发的身份证件；

（二）所在国公证机构或者有权机关出具的、经中华人民共和国驻该国使（领）馆认证或者该国驻华使（领）馆认证的本人无配偶的证明，或者所在国驻华使（领）馆出具的本人无配偶的证明。中华人民共和国缔结或者参加的国际条约另有规定的，按照国际条约规定的证明手续办理。

申请结婚登记的当事人对外国主管机关依据本条第三款、第四款提及的国际条约出具的证明文书的真实性负责，并签署书面声明。

第九条 申请结婚登记的当事人有下列情形之一的，婚姻登记机关不予登记：

（一）未到法定结婚年龄的；

（二）非男女双方完全自愿的；

（三）一方或者双方已有配偶的；

（四）属于直系血亲或者三代以内旁系血亲的。

第十条 婚姻登记机关应当核对结婚登记当事人出具的证件、书面材料，询问相关情况，并对当事人的身份以及婚姻状况信息进行联网核对，依法维护当事人的权益。对当事人符合结婚条件的，应当当场予以登记，发给结婚证；对当事人不符合结婚条件不予登记的，应当向当事人说明理由。

第十一条 要求结婚的男女双方未办理结婚登记的，应当补办登记。男女双方补办结婚登记的，适用本条例结婚登记的规定。

第十二条　因胁迫结婚的，受胁迫的当事人可以依据民法典第一千零五十二条的规定向人民法院请求撤销婚姻。一方当事人患有重大疾病的，应当在结婚登记前如实告知另一方当事人；不如实告知的，另一方当事人可以依据民法典第一千零五十三条的规定向人民法院请求撤销婚姻。

第三章　离婚登记

第十三条　内地居民自愿离婚的，男女双方应当签订书面离婚协议，亲自到婚姻登记机关共同申请离婚登记。

中国公民同外国人在中国内地自愿离婚的，内地居民同香港居民、澳门居民、台湾居民、华侨在中国内地自愿离婚的，男女双方应当签订书面离婚协议，亲自到本条例第二条第二款规定的婚姻登记机关共同申请离婚登记。

离婚协议应当载明双方自愿离婚的意思表示和对子女抚养、财产以及债务处理等事项协商一致的意见。

第十四条　申请离婚登记的当事人有下列情形之一的，婚姻登记机关不予受理：

（一）未达成离婚协议的；

（二）属于无民事行为能力人或者限制民事行为能力人的；

（三）其结婚登记不是在中国内地办理的。

第十五条　申请离婚登记的内地居民应当出具下列证件：

（一）本人的居民身份证；

（二）本人的结婚证。

申请离婚登记的香港居民、澳门居民、台湾居民、华侨、外国人除应当出具前款第二项规定的证件外，香港居民、澳门居民、台湾居民还应当出具本人的有效通行证或者港澳台居民居住证、身份证；华侨、外国人还应当出具本人的有效护照或者其他有效的国际旅行证件，或者外国人永久居留身份证等中国政府主管机关签发的身份证件。

第十六条　婚姻登记机关应当在法律规定期限内，根据当事人的申请，核对离婚登记当事人出具的证件、书面材料并询问相关情况。对当事人确属自愿离婚，并已经对子女抚养、财产以及债务处理等事项协商一致，男女双方亲自到收到离婚登记申请的婚姻登记机关共同申请发给离婚证的，婚姻登记机关应当当场予以登记，发给离婚证。

当事人未在法律规定期限内申请发给离婚证的，视为撤回离婚登记申请，离婚登记程序终止。

第十七条　婚姻登记机关在办理离婚登记过程中，可以根据情况及时对离婚登记当事人开展心理辅导、调解等工作。

第十八条　离婚后，男女双方自愿恢复婚姻关系的，应当依照本条例规定到婚姻登记机关重新申请结婚登记。

第四章　婚姻登记档案管理

第十九条　婚姻登记机关应当建立婚姻登记档案。婚姻登记档案应当长期保管并按规定为当事人或者有权机关提供查询服务。具体管理办法由国务院民政部门会同国家档案管理部门规定。

第二十条　婚姻登记机关收到人民法院确认婚姻无效或者撤销婚姻的判决书副本后，应当在当事人的婚姻登记档案中及时备注婚姻无效或者撤销婚姻的信息，并将相关信息上传至全国婚姻基础信息库。

第二十一条　当事人需要补领结婚证或者离婚证的，可以持居民身份证或者本条例第八条第二款至第四款规定的有效身份证件向婚姻登记机关申请办理。

婚姻登记机关对当事人的婚姻登记档案进行查证，确认属实的，应当为当事人补发结婚证或者离婚证。

第五章　法 律 责 任

第二十二条　婚姻登记机关及其工作人员有下列行为之一的，对负有责任的领导人员和直接责任人员依法依规给予处分：

（一）为不符合婚姻登记条件的当事人办理婚姻登记的；

（二）违反规定泄露或者向他人非法提供婚姻登记工

作中知悉的个人隐私或者个人信息的；

（三）玩忽职守造成婚姻登记档案损毁、灭失的；

（四）办理婚姻登记收取费用的；

（五）其他违反本条例规定的行为。

违反前款第四项规定收取的费用，应当退还当事人。

第二十三条　当事人应当对所出具证件和书面材料的真实性、合法性负责，出具虚假证件或者书面材料的，应当承担相应法律责任，相关信息按照国家有关规定记入信用记录，并纳入全国信用信息共享平台。

第二十四条　违反本条例规定，构成违反治安管理行为的，依法给予治安管理处罚；构成犯罪的，依法追究刑事责任。

第六章　附　　则

第二十五条　中华人民共和国驻外使（领）馆可以依照本条例的有关规定，为男女双方均居住于驻在国的中国公民办理婚姻登记。

第二十六条　男女双方均非内地居民的中国公民在内地办理婚姻登记的具体办法，由国务院民政部门另行制定。

第二十七条　本条例规定的婚姻登记证由国务院民政部门规定式样并监制。

第二十八条　本条例自 2025 年 5 月 10 日起施行。

ISBN 978-7-5244-0159-9

定价：4.00元